MerrY ChristMas

DIESES MALBUCH GEHÖRT

MERRY CHRISTMAS

MERRY CHRISTMAS

MERRY CHRISTMAS

MERRY CHRISTMAS

MERRY CHRISTMAS

MERRY CHRISTMAS

MERRY CHRISTMAS

MERRY CHRISTMAS

MERRY CHRISTMAS

MERRY CHRISTMAS

MERRY CHRISTMAS

MERRY CHRISTMAS

MERRY CHRISTMAS

MERRY CHRISTMAS

MERRY CHRISTMAS

MERRY CHRISTMAS

MERRY CHRISTMAS

MERRY CHRISTMAS

Merry Christmas

MERRY CHRISTMAS

MERRY CHRISTMAS

MERRY CHRISTMAS

MERRY CHRISTMAS

MERRY CHRISTMAS

MERRY CHRISTMAS

MERRY CHRISTMAS

MERRY CHRISTMAS

MERRY CHRISTMAS

MERRY CHRISTMAS

MERRY CHRISTMAS

MERRY CHRISTMAS

MERRY CHRISTMAS

MERRY CHRISTMAS

MERRY CHRISTMAS

MERRY CHRISTMAS

MERRY CHRISTMAS

MERRY CHRISTMAS

MERRY CHRISTMAS

MERRY CHRISTMAS

MERRY CHRISTMAS

MERRY CHRISTMAS

MERRY CHRISTMAS

MERRY CHRISTMAS

MERRY CHRISTMAS

Greetings

MERRY CHRISTMAS

MERRY CHRISTMAS

MERRY CHRISTMAS

MERRY CHRISTMAS

MERRY CHRISTMAS

MERRY CHRISTMAS

MERRY CHRISTMAS